Mauritz Kraft

KSP-Scripting zur Erstellung einer Gesangsstimme in Kontakt

AF141416

Mauritz Kraft

KSP-Scripting zur Erstellung einer Gesangsstimme in Kontakt

Eigene Sample-Libraries entwickeln & erstellen am Beispiel einer Gesangsstimme

AV Akademikerverlag

Impressum / Imprint

Bibliografische Information der Deutschen Nationalbibliothek: Die Deutsche Nationalbibliothek verzeichnet diese Publikation in der Deutschen Nationalbibliografie; detaillierte bibliografische Daten sind im Internet über http://dnb.d-nb.de abrufbar.

Bibliographic information published by the Deutsche Nationalbibliothek: The Deutsche Nationalbibliothek lists this publication in the Deutsche Nationalbibliografie; detailed bibliographic data are available in the Internet at http://dnb.d-nb.de.

Coverbild / Cover image: www.ingimage.com

Verlag / Publisher:
AV Akademikerverlag
ist ein Imprint der / is a trademark of
OmniScriptum GmbH & Co. KG
Heinrich-Böcking-Str. 6-8, 66121 Saarbrücken, Deutschland / Germany
Email: info@akademikerverlag.de

Herstellung: siehe letzte Seite /
Printed at: see last page
ISBN: 978-3-639-72113-3

Inhaltsverzeichnis

Abbildungsverzeichnis

Tabellenverzeichnis

1. Überblick

In der heutigen Zeit ist in der Musikproduktion der Fokus auf den Einsatz von
virtuellen (Musik-)Instrumenten, sogenannten "VSTis" gesetzt. Diese werden über
die digitale Schnittstelle VST in den Host Sequenzer, also das Programm, in dem die
Kompostition stattfindet, eingebunden.

Unterschieden wird zwischen Klang erzeugenden Instrumenten (Synthesizern) und
Sample-Library basierenden Instrumenten. In dieser Arbeit geht es ausschließlich um
die zweite Kategorie, also VST-Instrumente, welche auf Grundlage von gespielten
Midi-Noten, zuvor aufgenommene Samples wiedergeben.

*"Ein Software-Instrument (auch virtuelles Instrument oder je nach verwendeter
Schnittstelle VST- oder AU-Instrument) dient zur softwarebasierten Klangerzeugung
auf einer Digital Audio Workstation oder in einem Sequenzer. Seltener findet es in
Notensatzprogrammen Anwendung, wo aktuell noch MIDI-Sounds dominieren.
Mittels Software-Instrumenten können sowohl real existierende Instrumente imitiert,
als auch moderne Klänge durch neuartige Synthesizer geschaffen werden. Sie
verfügen meist über eine breite Palette an instrumentenspezifischen Parametern, die
sich zusammengefasst als Preset abspeichern lassen. Software-Instrumente lassen
sich über MIDI ansteuern, sodass diese über ein Masterkeyboard gespielt werden
können. Die Klangausgabe erfolgt über ein Audio-Interface (Soundkarte)."* [5]

2. Ziele

Das Ziel dieser Bachelor-Arbeit ist die Fertigstellung einer vollständigen Sample-Library für den Software Sampler: "Native Instruments – Kontakt 5", welche eine natürlich klingende Gesangsstimme wiedergeben können soll.

Dabei werden gesungene Einzelvokale und eventuell zusätzlich benötigte Laute als Samples aufgenommen und diese dann in den Kontakt 5 als eigenständige Library integriert. Die Samples und deren Wiedergabe werden dann mit der dem Sampler eigenen Scriptsprache KSP so moduliert , dass sich beim Abspielen dieser per Midinoten eine harmonische, natürlich klingende (gesungene) Tonfolge ergibt.

Es gilt in erster Linie zu erarbeiten, was zeichnet eine menschliche Stimme bei gesungenen Tönen aus und wie können diese Eigenschaften mit dem Kontakt 5 umgesetzt werden.

Die Scriptsprache KSP ermöglicht es innerhalb des Kontak 5 eine eigene, an die Ansprüche angepasste Oberfläche für die Sample-Library zu erstellen. Dabei kann das Layout angepasst werden. Es kann die Reaktion der Samplewiedergabe und das Spielverhalten auf bestimmte Midinoten gesteuert werden , sowie eigene Effektparameter erstellt werden, um ein paar Beispiele zu nennen.

Mehr Informationen zum Thema "KSP" finden sich im Benutzerhandbuch des Kontakt 5.

3. Kontakt 5 und seine Eigenschaften

Native Instrument's Software Sampler ist aktuell in der Version 5 angelangt. Die Scripte, die zum Individualisieren der Sample-Libraries dienen, gibt es in Kontakt seit der Version 2.

"Das Kontakt-Scripting ist seit Version 2 unter der Abkürzung KSP (Kontakt Script Processor) verfügbar und in jedem einzelnen Kontakt-Instrument integriert. Es sind bis zu fünf aufeinander folgende Skripte pro Instrument möglich, die über Reiter im Skript-Editor zugänglich sind. Jedes einzelne Skript kann dabei eine andere Aufgabe erledigen. (...) Die Skripte unter Kontakt haben die generelle Aufgabe, auf verschiedene Situationen zu reagieren und weitere Aktionen automatisch auszuführen. Die Anwendungen sind schier unendlich" [1, S.40]

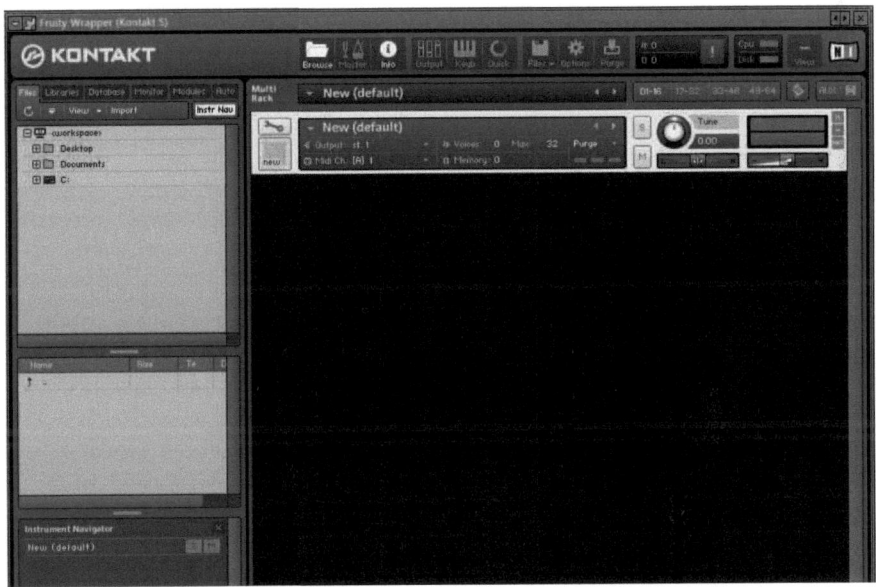

Abbildung 1: Multi-Rack-View
(Kontakt 5 Start-Window mit leerem Instrument, hier geöffnet im Sequencer FL-Studio)
Über die Jahre wurde diese Scriptsprache stetig erweitert und ermöglicht heute so komplexe Eingriffe in das Verhalten und Aussehen der Software.

Alle Funktionen, die im Instrument-Edit-Mode manuell gesteuert werden können und so auf das geladene Instrument einwirken, können auch per Script angesteuert werden. Das ist unter anderem bei der Nutzung von Effekten (z.B. Reverb, Delay,

Dynamics, Eq) effektiv.

Abbildung 2: Instrument Edit-Mode

KSP-Scripte ähneln anderen Programmiersprachen wie z.B. Java. Man definiert Variablen, befolgt eine bestimmte Syntax und schreibt Funktionen, die gewisse Aktionen ausführen.

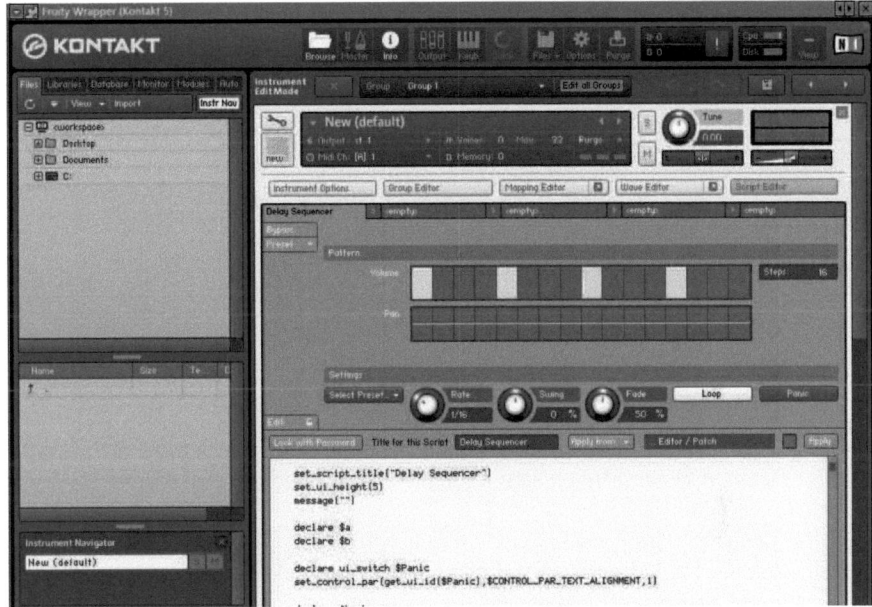

Abbildung 3: Script Editor

(Script Editor mit geladenem Factory-Preset einer einfachen Delay Funktion)

Geschriebene Scripte wirken sich also immer auf die interne Funktion des Kontakts und /oder auf das äußere Erscheinungsbild des jeweiligen Instrumentes aus.

Weiteres zu den Eigenschaften des Kontakt 5 und seinen integrierten Möglichkeiten finden sich im Benutzerhandbuch des Samplers.

4. Anforderungen und Voraussetzungen

In diesem Kapitel wird behandelt, welche Anforderungen an die Samples, sowie an das Verhalten des Samplers zu den entsprechenden Samples gestellt werden, um die Wiedergabe anschließend natürlich klingen zu lassen.

Ausführlichere Informationen zu diesem Thema finden sich in der Bachelor-Arbeit von Simon Köhnen.

4.1. Anforderungen zum natürlichen Klangverhalten von menschlichem Gesang

Um eine geeignete Script-Programmierung im Kontakt 5 schreiben zu können, muss festgestellt werden, wodurch sich eine reale Stimme auszeichnet und welche Fehler vermieden werden müssen.
Simon Köhnen hat in seiner Arbeit eine Gesangsstimme aufgenommen und deren Eigenschaften mit Hilfe des Sequenzers "Steinberg Cubase" analysiert. Die nachfolgenden Unterpunkte nehmen Bezug auf seine Arbeit.

4.1.1. Tonübergang

Um ein natürliches Klangverhalten der Vocalsamples bei der Benutzung zu gewährleisten, ist insbesondere der Tonwechsel zwischen zwei aufeinander folgenden Tönen (Samples) entscheidend.

"Um zu verstehen was beim menschlichen Begleitgesang passiert ,werden verschiedene gesungene Intervalle aufgezeichnet. Intervalle bezeichnen in der Musiktheorie den Abstand zwischen zwei erklingenden Tönen. (...) Mithilfe der aufgenommenen Test-Samples lassen sich nun typische Merkmale während des Tonwechsels im menschlichen Gesang feststellen. Zuerst werden die zeitlichen Eigenschaften eines Tonwechsels herausgearbeitet. Hierfür steht die Funktion VariAudio aus dem verwendeten Audio-Sequencer Steinberg Cubase 5 zur Verfügung." [2, S.18 - 20]

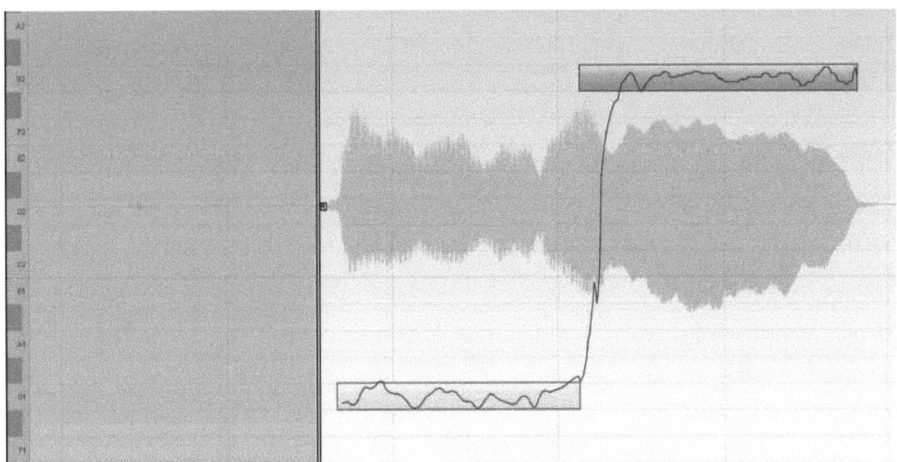

Abbildung 4: Tonübergang Vari Audio (G1 – A1) [2, S.20]

Der Verlauf des tonalen Wechsels ist ebenfalls erkenntnisreich und lässt sich in VariAudio ablesen.
So zeigt die senkrechte Kurve zwischen den gesungenen Noten wie die Stimme sich an den neuen Ton herantastet. Die Stimme springt nicht plötzlich auf den neuen Ton, sondern fährt durch alle Zwischentöne, bis sie sich schließlich beim Zielton einpegelt. [2, S.22]

Wie dies in der Programmierung gelöst werden kann, wird in Kapitel 5.2 behandelt.

Simon Köhnen ermittelte folgende Werte, die den zeitlichen Abschnitt des Tonwechsels definieren. Als Grundlage diente die Analyse der aufgenommenen Test-Samples.

Intervall	Zeit zwischen den Tönen
Kleine Sekunde aufwärts	481 ms
Verminderte Quinte aufwärts	489 ms
Oktave aufwärts	496 ms
Große Terz abwärts	483 ms
Kleine Sexte abwärts	491 ms
Große Septime abwärts	494 ms

Tabelle 1: Tonübergangszeit [2]

Da die Werte nur leicht von einander abweichen und im nicht hörbaren Millisekunden(ms)- Bereich liegen, wird als Grundlage für die Programmierung ein Mittelwert errechnet:

Der errechnete Wert ist 489 ms.

Das ist die Zeit, in der der Übergang von einem Ton zum anderen statt findet und von einem Sample zum anderen im Script realisiert werden muss.

4.1.2. Einklingverhalten

Bei der Analyse der Waveform wurde ebenfalls das Einklingverhalten der
gesungenen Noten herausgearbeitet.

*"Hierzu wird das gleiche Verfahren wie bei der Analyse der Tonübergänge
verwendet. Mithilfe von VariAudio werden Marker platziert und eine Wertetabelle
anhand verschiedener Tonhöhen gebildet." [2, S.23]*

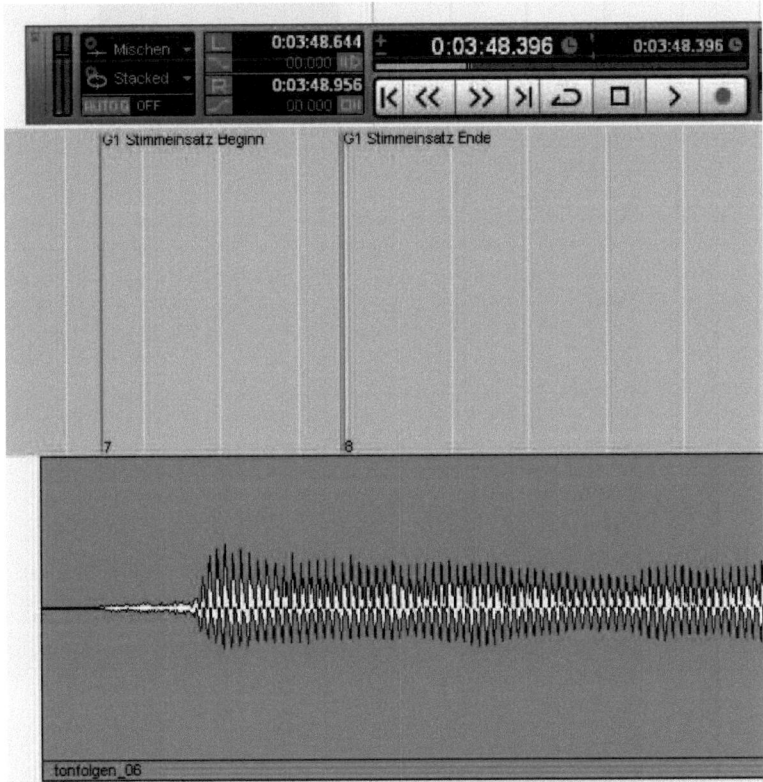

Abbildung 5: Exemplarische Waveform mit markiertem Stimmeinsatz [2, S.23]

Den Stimmeinsatz, also das Einklingverhalten einer Gesangsstimme, ist in einer Tabelle zusammengefasst:

Note	Zeit des Stimmeinsatzes
G1	312 ms
C2	308 ms
F2	301 ms
H2	298 ms
C3	295 ms
E3	292 ms

Tabelle 2: Zeit des Stimmeinsatzes [2]

Da die Werte nur leicht voneinander abweichen und im nicht hörbaren Millisekunden- Bereich liegen, wird für die Programmierung des Einklingverhaltens ein Mittelwert errechnet:

Der für die Programmierung errechnete Wert ist 301 ms.

4.1.3. Ausklingverhalten

Ebenso muss ein natürlich klingender Wert für das Ausklingverhalten der Samples, insbesondere beim Tonübergang, definiert werden. Simon Köhnen kommt in seiner Arbeit zu folgender Erkenntnis:

"Der Wert für die Tonausklangszeit ist nach dem Vergleich mehrerer Messungen konstant und wird auf 188 ms festgesetzt." [2, S. 24]

Somit beträgt der berechnete Wert der Stimmausklangzeit für die Programmierung 188 ms.

4.2. Natürlichkeit von Effektparametern

In diesem Kapitel wird behandelt, welche Effektparameter sinnvoll sind, um die Stimme zu bearbeiten und eleganter klingen zu lassen. Dabei werden die Erkenntnisse aus der Arbeit von Simon Köhnen mit einbezogen, damit die Natürlichkeit der Stimme weiterhin gewährleistet ist.

4.2.1. Definition geeigneter Effektparameter

Effekte müssen, um natürlich zu klingen, reale Situationen simulieren. In dieser Library sollen verschiedene Nachhall-Situationen nachgebildet werden, die den Hörer in eine Live-Situation versetzen. Dabei ist darauf zu achten, dass der Effekt nicht klangmodellierend wirkt, sondern so wahrnehmbar ist, als ob die Sängerin im Raum vor einem steht. Dazu wird auf einen Send-Effekt zurück gegriffen.

"Im Gegensatz zu Insert-Effekten arbeiten Send-Effekte additiv, d.h. sie erzeugen aus dem Originalsignal ein zweites, was anschließend zum Original hinzugemischt wird. Dies kann nachträglich im Mischpult oder direkt im Gerät geschehen. Dazu gibt es meist einen Regler, mit dem der Anteil des "trockenen" (dry) Orignalsignals und des zusätzlichen Effektanteils (wet) eingestellt werden kann. " [3]

Simon Köhnen hat in seiner Arbeit Impulsantworten von realen Nachhallsituation erstellt und stellt diese als Wave-Datei zur Verfügung. Diese werden dann in den im Kontakt 5 enthaltenen Faltungshall "Convolution" als Impulsantwort integriert.

Ein Faltungshall generiert aus Impulsantworten einen Raumhall, der dann als Insert oder Send-Effekt nutzbar ist.

"Im Gegensatz zum synthetischen Hall, der durch künstlich erzeugte Reflexionen bestimmte Raumtypen nachbildet, hat der Faltungshall eine Probe eines akustischen Raumes als Grundlage. Durch Erzeugen eines Testsignals (z. B. ein Sinussweep oder weißes Rauschen) kann der individuelle Nachhall jedes beliebigen Raumes als Impulsantwort mithilfe eines Stereomikrofons bestimmt werden. Es ergibt sich ein typischer Signalverlauf, der auch als „Fingerabdruck" des individuellen Raumklangs bezeichnet wird. Mit diesem individuellen Raumklang kann dann jedes Audiosignal versehen werden, welches noch keinerlei Reflexionen enthält. Das Audiosignal klingt dann nach der Bearbeitung so, als sei es am Ort der Aufnahme mitsamt realer Reflexionen aufgenommen worden." [6]

In dieser Library werden 4 reale Raumsituationen nachgebildet:

1. Studio
2. Stage (Bühne)
3. Theater
4. Kirche

Da der Nachhall beim Hörer nie alleine, sondern nur anteilig zum Direktschall wahrnehmbar ist, muss auch die nachgebildete Hallsituation anteilig zu den trockenen Studioaufnahmen hinzu gemischt werden.

5. Realisierung einer Gesangsstimme in Kontakt 5

In diesem Kapitel wird die Vorgehensweise und die Programmierung der Sample-Library behandelt.
Die Daten, die in Kapitel 4 ermittelt wurden, bilden die Grundlage für die Erstellung des Scriptes. Die benutzten Samples wurden von Simon Köhnen im Rahmen seiner Bachelor-Arbeit erstellt und zur Verfügung gestellt.

5.1. Erstellung einer Library

Um eine neue Sample-Library in Kontakt 5 anzulegen, wird zuerst ein neues "default" Instrument in das Multirack geladen.

Abbildung 6: Sample Browser

15

Die Samples, die benutzt werden sollen, werden im "Edit-Mode" unter dem Reiter "Mapping-Editor" aus dem Browser mit den entsprechenden Noten(Tasten) verknüpft und können so direkt per Mididaten angesteuert werden.

Abbildung 7: Mapping Editor

Das Instrument besitzt nun die reine Funktion der Samplewiedergabe und kann mit allen getroffenen Einstellungen als "*.nki" Patch gespeichert werden. Alle Samples können dabei in einen dazugehörigen Unterordner abgelegt werden.

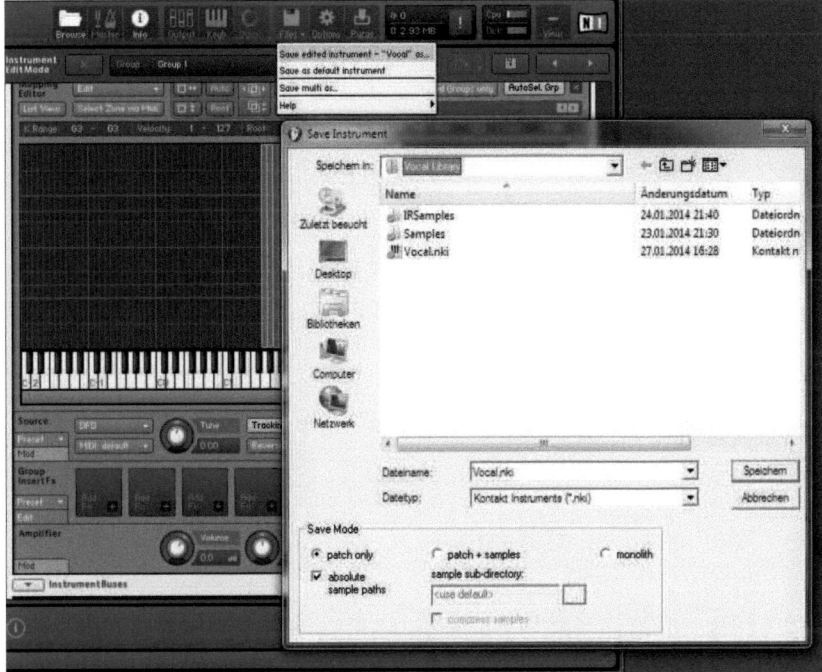

Abbildung 8: Save Instrument

5.1.1. Erstellung von Sample-Gruppen

Im Kontakt-Sampler werden verschiedene Sample-Gruppen angelegt, um die aufgenommenen Vokale voneinander zu trennen. Die von Simon Köhnen bereit gestellten Samples werden dazu über den Mapping-Editor in die erstellten Sample-Gruppen integriert.

Abbildung 9: Sample Gruppen

Die unterschiedlichen Sample-Gruppen werden durch eine Schaltfläche an- und ausschaltbar gemacht. So kann gewählt werden, welche Samples bei Midinoten-Input abgespielt werden sollen.

Scriptausschnitt:

```
if ($Uh = 1)
allow_group(0)
else
disallow_group(0)
end if


if ($Oh = 1)
allow_group(1)
else
disallow_group(1)
end if

if ($Ah = 1)
allow_group(2)
else
disallow_group(2)
end if

if ($Mh = 1)
allow_group(3)
else
disallow_group(3)
end if
```

Beispiel:

Wenn Schaltfläche $Mh den Wert 1 hat, also angewählt ist, wird Sample-Gruppe 3 aktiviert, andernfalls nicht.

5.2. Programmierung der Samplebehandlung per Midinoten

Nachdem alle Samples für den Patch in die Samplemap integriert wurden, lassen sich die Samples per Mididaten oder vom Sequenzer ansteuern. Die Samples werden jetzt so abgespielt, wie sie auf der Festplatte liegen.

Um die Samples nun untereinander zu verbinden und damit sich beim Spielen ein natürliches Klangverhalten ergibt, wird per Script das Verhalten der Samples auf die eingehenden Midinoten modifiziert.

5.2.1. Tonübergang durch Crossover

Simon Köhnen hat bei seiner Gesanganalyse festgestellt, dass beim Übergang von einem Ton zum nächsten Ton ein gewisser zeitlicher Abschnitt entscheidend ist, in dem die beiden Töne ineinander übergehen.

Im Script wird dieses Verhalten per Crossover-Funktion emuliert.

Crossover bedeutet, dass zwei Samples durch bestimmte Ein- und Ausklingverhalten ineinander gemischt werden.

Für den Übergang von einer Note zur anderen sind im Wesentlichen zwei Scriptabschnitte entscheidend:

fade_in ($EVENT_ID , 301000) und
fade_out($EVENT_ID,188000,0) .

Das in den Kontakt integrierte Kommando "fade_in" regelt die Einschwingzeit, "fade_out "die Ausschwingzeit eines Samples. Als Zeiten wurden die von Simon Köhnen ermittelten Durchschnittswerte von Tonübergängen (in Pikosekunden) übernommen.

Die Variable $EVENT_ID liefert die ID der aktuell gespielten Note wieder, in diesem Fall werden also alle eingehenden Noten mit den Kommandos modifiziert.

5.2.2. Vollanschlag der ersten "gesungenen" Note

Um ein natürliches Stimmverhalten zu realisieren, ist im Script ein Abschnitt integriert, durch den man entscheiden kann, ob das Sample wie ein Tonübergang oder wie ein erster gespielter (gesungener) Ton behandelt werden soll.

Die in Kontakt integrierte Variable : "PLAYED_VOICES_INST" übergibt die Zahl der aktuell gespielten Stimmen des Instruments.

Spielt man nur eine Note erhält sie den Wert 0, spielt man zweit Noten gleichzeitig erhalten sie den Wert 1.

Diese Zahl wird im Script überprüft. Mit einer If-Abfrage wird entschieden, ob das Sample zum Tonübergang modifiziert oder mit vollem Anschlag gespielt wird.

Scriptausschnitt:

```
fade_out ($EVENT_ID,188000,0)
$Voices := $PLAYED_VOICES_INST
message($Voices)
if ($Voices = 0)
fade_in ($EVENT_ID , 100)
$Voices := 0
end if
if (($Voices # 0) and ($Singing = 1))
fade_in ($EVENT_ID , 301000)
$Voices := 0
end if
```

Um mehrere Noten auf einmal mit vollem Anschlag spielen zu können (z.B. Akkorde), ist der Tonübergang per Schalter "ui_switch ($Singing)" im Instrument deaktivierbar.

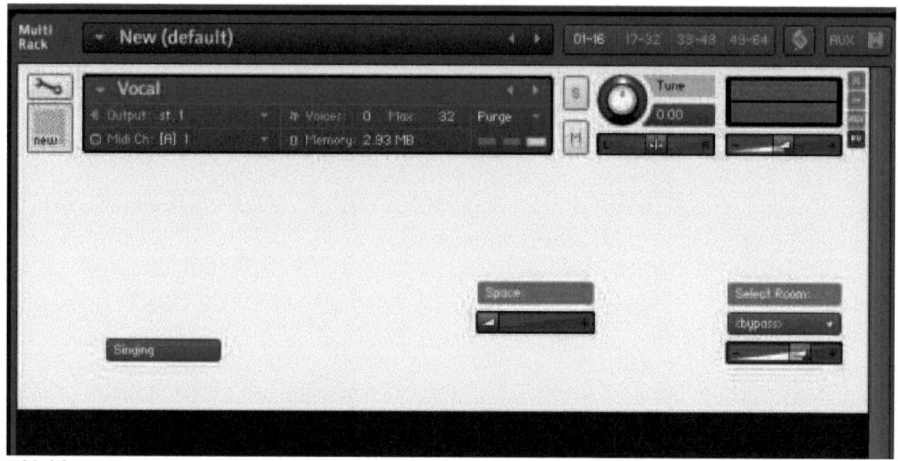

Abbildung 10: Singing Mode Button

Durch die integrierte fade-out- Zeit können Tonfolgen mit Übergang aufeinander folgend gespielt werden ohne überlappen zu müssen.

Die Fade-Out Zeit reicht bei direkt nacheinander gespielten Noten immer in die folgende hinein und realisiert so einerseits den Tonübergang und sorgt andererseits dafür, dass eine zweite Stimme gespielt wird und das fade_in -Kommando in Kraft tritt.

Die erste Note wird voll angeschlagen, zu der zweiten wird ein Übergang emuliert:

Abbildung 11: Beispiel Midinoten: Tonübergang im Singing Mode

Soll die zweite Note auch voll angeschlagen werden, wird beim Spielen oder Programmieren die Taste kurz losgelassen, bzw. eine Pause eingebaut:

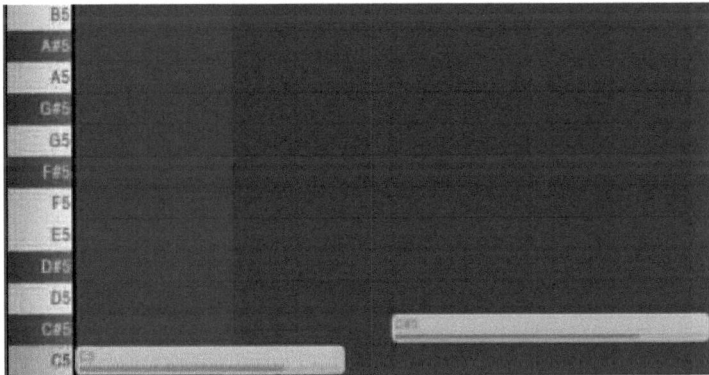

Abbildung 12: Beispiel Midinoten: kein Tonübergang im Singing Mode

5.2.3. Tonübergang durch einen Pitching-Glide

"Portamento" oder auch "Glide" ist ein Effekt, der in Samplelibraries und Synthezisern verwendet wird, um Noten flüssig miteinander zu verbinden. Dabei werden die Halbtonschritte, die zwischen den aufeinander folgenden Noten liegen, in einer gewissen Übergangszeit durch "Pitchshifting" nacheinander emuliert. Das Ende der ersten Note wird also in Halbtonschritten in kurzer Zeit nacheinander hochgepitcht, bis die Folgenote erreicht wird.

"Das Portamento (ital. portamento di voce, auch portar la voce „Tragen der Stimme") ist eine Phrasierungstechnik oder eine Verzierung in der Musik. Heute versteht man darunter, dass zwei aufeinanderfolgende Noten in einer Melodie durch einen Schleifer oder ein kurzes Glissando miteinander verbunden werden" [4]

Der Versuch, die menschliche Sologesangsstimme durch einen Glide zu verbinden, scheiterte. Der Übergang, insbesondere bei Noten, die mehr als 3 Halbtonschritte ausseinander liegen, wirkt synthetisch. Die Unnatürlichkeit von Pitchingeffekten scheint bei der menschlichen Stimme besonders schnell identifizierbar.

Der Tonübergang von Einzelsamples einer Sologesangstimme wird per Script natürlicher durch einen Crossfade realisiert.

5.2.4. Human Staccato

"Staccato (von italienisch staccarsi für „(sich) abstoßen, abgetrennt") ist eine musikalische Artikulationsvorschrift: Eine Note wird mit einer speziellen Technik gespielt und klingt damit kürzer als es der Notenwert eigentlich vorschreibt. Die Note wird aber im Notensystem trotzdem mit ihrer vollen Länge notiert." [8]

In dieser Library soll diese Spielweise auf die menschliche Stimme übertragen, und die gespielten Noten nur kurz angeschlagen werden. Das Sample wird dabei durch andere fade_in - und fade_out- Werte so beschnitten, dass der Ton kurz aber impulsiv angesungen wird.

Scriptausschnitt:

Die Funktion wird über den ui_switch $Human_Staccato aktiviert.

```
if ($Human_Staccato = 1)
fade_in ($EVENT_ID , 200000)
fade_out ($EVENT_ID , 500000,0)
$Voices := 0
end if
```

Das Sample wird nach 500ms ausgefaded, unabhängig davon wie lange die entsprechende Midi-Note gespielt wird.

Damit es zu keinerlei Konflikten mit der "Singing Mode"-Funktion kommt, wird die gleichzeitige Anwahl beider Funktionen durch eine If-Abfrage ausgeschlossen.

Scriptausschnitt:

```
on ui_control ($Human_Staccato)
if ($Human_Staccato = 1)
        $Singing := 0
end if
end on


on ui_control ($Singing)
if ($Singing = 1)
        $Human_Staccato := 0
end if
end on
```

5.2.4. Anschlagsstärke

Um die Lautstärke der Samplewiedergabe in Abhängigkeit zu der übermittelten
Anschlagstärke (dem Velocity-Wert) der Midinoten zu setzen, wird der Befehl
"play_note" benutzt.

```
play_note($EVENT_ID, $EVENT_VELOCITY, 0, -1)
```

Dieser Befehl wird hinter jede Funktion kopiert, die in Beziehung zur
Samplewiedergabe steht. Er besagt, dass jede gespielte Midinote das zugeordnete
Sample mit dem Wert der Anschlagstärke versieht. So sind Tonfolgen mit
realistischen Lautstärke-Unterschieden möglich.

5.3. Programmierung natürlicher Effektparameter

Dieses Kapitel behandelt die Programmierung der Effekteinstellungen, die dann in der Libary mit den Vocal-Samples nutzbar sind.

5.3.1. Faltungshall "Convolution"

Simon Köhnen hat in seiner Arbeit Impulsantworten erstellt, um eine realistische Raumsituation nachzubilden, die für den Einsatz mit einer Stimme geeignet sind. Diese sind im Kontakt 5 durch den Faltungshall "Convolution" nutzbar. Dazu wird zuerst der Convolution in einen freien FX-Slot geladen.
In dieser Library wird der Hall als Send-FX genutzt, damit der generierte Effekt anteilig zum Originalsignal vom Benutzer zugemischt werden kann.

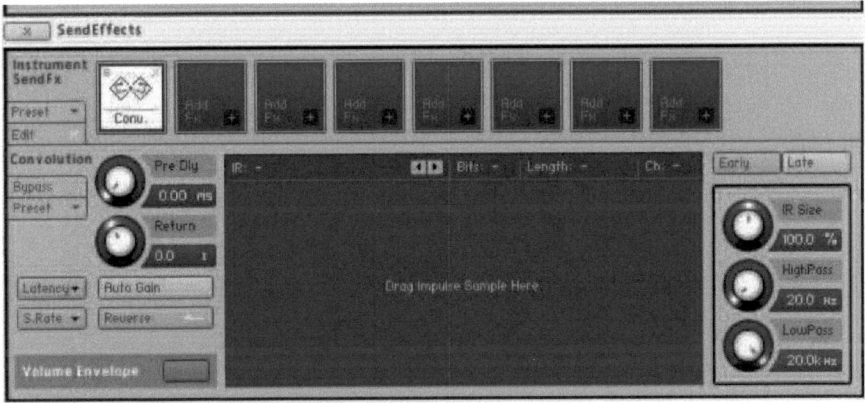

Abbildung 13: Convolution, Sample nicht geladen

5.3.2. Import der Impulsantworten

Eigene Impulsantworten, die mit der Library mitgeliefert werden und sich so im Libraryordner befinden, können nicht manuell im Convolution geladen werden. Das geschieht im Script mit folgendem Befehl.

Scriptausschnitt:

```
load_ir_sample(get_folder($GET_FOLDER_PATCH_DIR) & "/IRSamples/" & !
ir_names[$ir_menu] & ".wav",0,0)
```

$GET_FOLDER_PATCH_DIR stellt den aktuellen Libraryordner zur Verfügung und die danachfolgenden Zeichen bestimmen den tatsächlichen Pfad und Dateinamen des Samples.

Um die verschiedenen Impulsantworten auswähl- und ladbar zu machen wird auf ein Menu zurück- gegriffen.

Die Roomnamen werden in ein Array gespeichert und anschließend über eine While-Schleife in ein von Kontakt bereit gestelltes "ui_menu" mit dem Befehl "add_menu_item" geschrieben.

Array:

```
declare !ir_names[$num_ir_samples]
!ir_names[0] := "Studio"
!ir_names[1] := "Stage"
!ir_names[2] := "Theater"
!ir_names[3] := "Church"
```

Menuerstellung:

```
declare ui_menu $ir_menu
add_menu_item ($ir_menu,"<bypass>",-1)
while ($count < $num_ir_samples)
add_menu_item ($ir_menu,!ir_names[$count],$count)
inc ($count)
end while
```

Bypass-Funktion:

Um den Effekt auch ausschalten zu können, wird ein weiterer Menupunkt "bypass" integriert.
Wird der erste(-1) Menupunkt gewählt, greift eine Funktion, die den Sendeffekt auf bypass setzt.

Scriptausschnitt:

```
on ui_control ($ir_menu)
if ($ir_menu = -1)
set_engine_par($ENGINE_PAR_SEND_EFFECT_BYPASS,1,-1,0,0)
else
set_engine_par($ENGINE_PAR_SEND_EFFECT_BYPASS,0,-1,0,0)
```

"set_engine_par" setzt immer bestimmte Werte, in dem Fall den bypass durch "$ENGINE_PAR_SEND_EFFECT_BYPASS" auf 1 für bypass an oder 0 für bypass aus. Die beiden Nullen am Ende stehen für die Art des Effektes (Send=0, Insert=1) und für den ersten Slot (0).

5.3.3. Sendlevel-Regler

Um den Sendeffekt vom Benutzer regelbar zu machen, wird ein weiterer Regler "ui_slider" eingebaut. Dieser regelt den Sendlevel des Convolution.

Scriptausschnitt:

```
on ui_control ($Conv_send)
set_engine_par ($ENGINE_PAR_SENDLEVEL_0,$Conv_send,-1,7,1)
```

Durch die Befehle "ui_label" und "set_text" werden die Objekte mit einer Überschrift versehen.

```
declare ui_label $room_label (1,1)
set_text ($room_label,"Select Room:")
```

Abbildung 14: Room Menu

Damit sich über den Slider keine unnatürlichen Einstellungsmöglichkeiten ergeben können, wird der Maximalwert für den ui_slider auf 50% gesetzt.

Scriptausschnitt:

```
declare ui_slider $Conv_send (0,500000)
```

30

5.4. Programmierung des Layouts

In diesem Kapitel wird die Darstellung der Oberfläche innerhalb des Kontakt-Samplers behandelt.

5.4.1. Anpassung der Oberfläche

Um die erstellten Bedienflächen auch in der Oberfläche des Instruments in der Multi-Rack-View

darstellen zu können, wird die Gesamthöhe des Instruments auf 180px vergrößert.

Das geschieht im Script mit folgendem Befehl:

make_perfview

set_ui_height_px(180)

Die Höhe des Instruments hat sich nun geändert:

Abbildung 15: Layout: Höhenänderung

Die erstellten Controller und Schaltflächen werden durch folgenden Befehl an ihren Platz geschoben.

31

Scriptausschnitt:

move_control ($Singing,1,7)

Hier wird die Schaltfläche des Singing Mode an Position 1 in Reihe 7 geschoben. Reihe und Spalte sind vorinstallierte Pixelwerte innerhalb des Kontaks, man kann die Position auch direkt in Pixeln angeben.

Abbildung 16: Layout: Schaltflächen verschieben

(Alle Schaltflächen und Controller verschoben)

Die Beschriftung der Schaltflächen werden durch den set_text deklariert:

set_text ($Singing,"Singing Mode").

6. Komplettes Script

on init

make_perfview
set_ui_height_px(180)
declare const $num_ir_samples := 4
set_control_par($INST_ICON_ID, $CONTROL_PAR_HIDE,
$HIDE_WHOLE_CONTROL)

declare $fadein
declare $fadeout
$fadeout := 188000
$fadein := 301000

declare $HallSendID

declare ui_switch $Uh
move_control ($Uh,1,3)
$Uh := 1

declare ui_switch $Oh
move_control ($Oh,2,3)

declare ui_switch $Ah
move_control ($Ah,3,3)

declare ui_switch $Mh
move_control ($Mh,4,3)

```
declare $Voices
declare ui_switch $Singing
move_control ($Singing,1,7)
set_text ($Singing,"Singing Mode")
$Singing := 1

declare ui_switch $Human_Staccato
move_control ($Human_Staccato,2,7)
set_text ($Human_Staccato,"Human Staccato")


declare ui_label $spacelabel (1,1)
set_text ($spacelabel,"Space:")
move_control($spacelabel,6,6)

declare ui_slider $Roomsize(0,10000000)
move_control ($Roomsize,6,7)


{--------------------------------------------------------delay-----}
declare ui_slider $delay_send (50000,300000)
move_control ($delay_send,4,7)
make_persistent ($delay_send)
declare ui_label $Feedback (1,1)
move_control($Feedback,4,6)
set_text ($Feedback,"Feedback:")
```

```
{----------------------------------------------menu----}

declare $count
declare !ir_names[$num_ir_samples]
!ir_names[0] := "Studio"
!ir_names[1] := "Stage"
!ir_names[2] := "Theater"
!ir_names[3] := "Church"

declare ui_slider $Conv_send (0,500000)
move_control ($Conv_send,6,5)
make_persistent ($Conv_send)
{$HallSendID := get_ui_id ($Conv_send)
set_control_par_str($HallSendID, $CONTROL_PAR_PICTURE,
"pv_vintage_drums_knob")}

declare ui_label $room_label (1,1)
set_text ($room_label,"Select Room:")
move_control($room_label,6,3)

declare ui_menu $room_menu
add_menu_item ($room_menu,"<bypass>",-1)
while ($count < $num_ir_samples)
add_menu_item ($room_menu,!ir_names[$count],$count)
inc ($count)
end while
move_control ($room_menu,6,4)
make_persistent($room_menu)
end on
```

```
{--------------------------------------------------------on control----}


on ui_control ($Roomsize)
    set_engine_par($ENGINE_PAR_RV_SIZE,$Roomsize,-1,0,1)
end on


on ui_control ($Conv_send)
set_engine_par ($ENGINE_PAR_SENDLEVEL_0,$Conv_send,-1,7,1)
end on


on ui_control ($delay_send)
set_engine_par ($ENGINE_PAR_SEND_EFFECT_OUTPUT_GAIN,$delay_send,-
1,1,0)
end on


{-----------------------------------------------IR-Samples--------}
on ui_control ($room_menu)
if ($room_menu = -1)
set_engine_par($ENGINE_PAR_SEND_EFFECT_BYPASS,1,-1,0,0)
else
set_engine_par($ENGINE_PAR_SEND_EFFECT_BYPASS,0,-1,0,0)
load_ir_sample(get_folder($GET_FOLDER_PATCH_DIR) & "/IRSamples/" & !
ir_names[$room_menu] & ".wav",0,0)
end if
end on
```

{-----------------------------------Schalter Boolean}

```
on ui_control ($Human_Staccato)
if ($Human_Staccato = 1)
       $Singing := 0
end if
end on


on ui_control ($Singing)
if ($Singing = 1)
       $Human_Staccato := 0
end if
end on


on ui_control ($Uh)
if ($Uh  = 1)
       $Oh := 0
       $Ah := 0
       $Mh := 0
end if
end on


on ui_control ($Oh)
if ($Oh  = 1)
       $Uh := 0
       $Ah := 0
       $Mh := 0
end if
end on
```

```
on ui_control ($Ah)
if ($Ah = 1)
        $Uh := 0
        $Oh := 0
        $Mh := 0
end if
end on


on ui_control ($Mh)
if ($Mh = 1)
        $Uh := 0
        $Oh := 0
        $Ah := 0
end if
end on
```

{----------------------------noten}

on note

{-------------------------------human staccato}
if ($Human_Staccato = 1)
fade_in ($EVENT_ID , 200000)
fade_out ($EVENT_ID , 500000,0)
play_note($EVENT_ID, $EVENT_VELOCITY, 1000000, 0)
$Voices := 0
end if

```
{------------------------------sample-gruppen}
if ($Uh = 1)
allow_group(0)
else
disallow_group(0)
end if

if ($Oh = 1)
allow_group(1)
else
disallow_group(1)
end if

if ($Ah = 1)
allow_group(2)
else
disallow_group(2)
end if

if ($Mh = 1)
allow_group(3)
else
disallow_group(3)
end if
```

```
{-------------------------------x-over}
$Voices := $PLAYED_VOICES_INST
message($Voices)
if (($Voices = 0) and ($Human_Staccato = 0))
fade_in ($EVENT_ID  , 100)
play_note($EVENT_ID, $EVENT_VELOCITY,0 , -1)
$Voices := 0
end if
if (($Voices # 0) and ($Singing = 1))
fade_in ($EVENT_ID  , $fadein)
play_note($EVENT_ID, $EVENT_VELOCITY, 100000, -1)
$Voices := 0
end if


end on
```

7. Zusammenfassung

Unter berücksichtigung der Werte, die in Simon Köhnens Bachelor-Arbeit zum Tonübergang erarbeitet wurden, lässt sich ein relativ realistisches Klangverhalten, im Vergleich zu den unmodifizierten Einzelsamples, realisieren.

Bei den praktischen Versuchen hat sich gezeigt, dass neben den Werten, auch die Qualität der aufgenommenen Samples entscheidend ist. Hier ist im Besonderen darauf zu achten, dass der Einsatz der gesungenen Note richtig gewählt, und dass Sample entsprechend geschnitten ist. Nur so kann die Kompatibilität unter den Samples gewährleistet sein.

Der von Simon Köhnen festgestellte "Glide" durch alle Zwischentöne, bei zwei aufeinander folgend gesungenen Vokalen, ist per Script in dieser Form nicht erfolgreich realisierbar.

Es ist jedoch denkbar, den Übergangsglide auf einzelne Zwischentöne zu beschränken und so die Unnatürlichkeit des Pitching-Effektes einzudämmen. Es ist jedoch fraglich, ob dann noch die gewünschte Wirkung erzielt wird und nicht mehr Probleme geschaffen, als gelöst werden. Beim "Gliden" verliert ein Instrument seine Mehrstimmigkeit und Töne müssen überlappend gespielt werden. Dies bedarf genauerer Untersuchung.

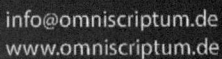

Printed by Books on Demand GmbH, Norderstedt / Germany